EMPFOHLENES BUCH:

Wer bist du wirklich?
Ein Guide zu den 16 Persönlichkeitstypen
ID16™©

Jarosław Jankowski

Wieso sind wir so verschieden? Wieso nehmen
wir auf unterschiedliche Art Informationen auf,
entspannen anders, treffen anders
Entscheidungen oder organisieren auf
verschiedene Weiseunser Leben?

„Wer bist du wirklich?" erlaubt es Ihnen, sich
selbst und andere Menschen besser zu verstehen.
Der im Buch enthaltene Test ID16 hilft Ihnen
dabei, Ihren Persönlichkeitstyp festzustellen.

Ihr Persönlichkeitstyp:

Verwalter
(ESTJ)

Ihr Persönlichkeitstyp:
Verwalter
(ESTJ)

Serie ID16$^{TM©}$

JAROSŁAW JANKOWSKI

LOGOS
MEDIA

Ihr Persönlichkeitstyp: Verwalter (ESTJ)

Diese Veröffentlichung hilft Ihnen, Ihr Potenzial besser zu nutzen, gesunde Beziehungen zu anderen Menschen aufzubauen und richtige Entscheidungen auf Ihrem Bildungs- und Berufsweg zu treffen. Sie sollte aber keineswegs als Ersatz für eine fachliche psychologische oder psychiatrische Beratung angesehen werden.

Der Autor sowie der Herausgeber übernehmen keine Haftung für eventuelle Schäden, die aufgrund der Nutzung dieser Publikation entstanden sind.

ID16™© ist eine vom Autor geschaffene Persönlichkeitstypologie, die nicht mit Typologien und Tests anderer Autoren oder Institutionen verglichen werden kann.

Aus Gründen der Lesbarkeit wurde im Text die männliche Form gewählt, nichtsdestoweniger beziehen sich die Angaben auf Angehörige beider Geschlechter.

Originaltitel: Twój typ osobowości: Administrator (ESTJ)

Übersetzung aus dem Polnischen: Wojciech Dzido, Lingua Lab, www.lingualab.pl

Redaktion: Martin Kraft, Lingua Lab, www.lingualab.pl

Technische Redaktion: Zbigniew Szalbot

Herausgeber: LOGOS MEDIA

Druckausgabe: ISBN 978-83-7981-159-5

eBook (EPUB): ISBN 978-83-7981-160-1

eBook (MOBI): ISBN 978-83-7981-161-8

Inhaltsverzeichnis

Einführung

Ihr Persönlichkeitstyp: Verwalter (ESTJ) stellt ein au-
ßergewöhnliches Nachschlagewerk zum *Verwalter*
dar, einem der 16 Persönlichkeitstypen ID16™©.

Dieser Guide ist Teil der Serie ID16™©, die
aus 16 Bänden besteht, die den einzelnen Persönlichkeitstypen gewidmet sind. Sie liefern auf eine
ausführliche und verständliche Art und Weise Antworten auf folgende Fragen:

- Wie denken und fühlen Menschen, die
  zum jeweiligen Persönlichkeitstyp gehören? Wie treffen sie Entscheidungen? Wie
  lösen sie Probleme? Wovor haben sie
  Angst? Was stört sie?

- Mit welchen Persönlichkeitstypen kommen sie gut klar, mit welchen hingegen
  nicht? Was für Freunde, Lebenspartner,
  Eltern sind diese Menschen? Wie werden
  sie von anderen betrachtet?

- Was für berufliche Voraussetzungen haben sie? In was für einem Umfeld arbeiten sie am effektivsten? Welche Berufe passen am besten zu ihrem Persönlichkeitstyp?

- Was können sie gut und an welchen Fähigkeiten müssen sie noch feilen? Wie können sie ihr Potenzial ausschöpfen und Fallen aus dem Weg gehen?

- Welche bekannten Personen gehören zum jeweiligen Persönlichkeitstyp?

- Welche Gesellschaft verkörpert die meisten Charakterzüge des jeweiligen Typs?

In diesem Buch finden Sie ebenso die wichtigsten Informationen zur Persönlichkeitstypologie ID16$^{TM©}$.

Wir hoffen, dass es Ihnen dabei hilft, sich selbst und andere Menschen besser zu verstehen und kennenzulernen.

DIE HERAUSGEBER

ID16[TM©]
im Kontext Jungscher
Persönlichkeitstypologien

ID16[TM©] gehört zur Familie der sog. Jungschen
Persönlichkeitstypologien, die auf der Theorie von
Carl Gustav Jung (1875-1961) basieren – einem
Schweizer Psychiater und Psychologen und einem
der wichtigsten Vertreter der sog. Tiefenpsychologie.

Auf Grundlage langjähriger Forschungen und
Beobachtungen kam Jung zur Schlussfolgerung,
dass die Unterschiede in der Haltung und den Vorlieben von Menschen nicht zufällig sind. Er erschuf daraufhin die heute bekannte Unterscheidung in Extrovertierte und Introvertierte. Ferner
unterschied Jung vier Persönlichkeitsfunktionen,
die zwei gegensätzliche Paare bilden: Empfindung
– Intuition und Denken – Fühlen. Jung betonte,

dass in jedem dieser Paare eine der Funktionen dominierend ist. Er kam zur Einsicht, dass die dominierenden Eigenschaften eines jeden Menschen stetig und unabhängig von externen Bedingungen sind, ihre Resultante hingegen der jeweilige Persönlichkeitstypus ist.

Im Jahre 1938 erschufen zwei amerikanische Psychiater, Horace Gray und Joseph Wheelwright, den ersten Persönlichkeitstest, der auf der Theorie von Jung basierte und die Bestimmung dominierender Funktionen in den drei von ihm beschriebenen Dimensionen ermöglichte: **Extraversion-Introversion**, **Empfindung-Intuition** sowie **Denken-Fühlen.** Dieser Test wurde zur Inspiration für andere Forscher. Im Jahre 1942, ebenfalls in den USA, begannen wiederum Isabel Briggs Myers und Katharine Briggs ihren eigenen Persönlichkeitstest anzuwenden. Sie erweiterten das klassische, dreidimensionale Modell von Gray und Wheelwright um eine vierte Dimension: **Bewertung-Beobachtung**. Die meisten der späteren Typologien und Persönlichkeitstests, die auf der Theorie von Jung basierten, übernahmen daraufhin auch diese vierte Dimension. Zu ihnen gehört auch u. a. die amerikanische Studie aus dem Jahre 1978 von David W. Keirsey sowie der Persönlichkeitstest von Aušra Augustinavičiūtė aus den 1970er Jahren. In den folgenden Jahrzehnten folgten Forscher aus der ganzen Welt, womit sie weitere vierdimensionale Typologien und Tests erschufen, die an lokale Bedingungen und Bedürfnisse angepasst wurden.

Zu dieser Gruppe gehört die unabhängige Persönlichkeitstypologie ID16™©, die in Polen vom

Pädagogen und Manager Jarosław Jankowski erarbeitet wurde. Diese Typologie, die im ersten Jahrzehnt des 21. Jahrhunderts veröffentlicht wurde, basiert ebenfalls auf der klassischen Theorie von Carl Gustav Jung. Ähnlich wie auch andere moderne Jungsche Typologien reiht sie sich in die vierdimensionale Persönlichkeitsanalyse ein. Im Falle von ID16™© werden diese Dimensionen als **vier natürliche Veranlagungen** bezeichnet. Diese Veranlagungen haben einen dichotomischen Charakter, ihre Charakteristik hingegen liefert Informationen über die Persönlichkeit eines Menschen. Die Analyse der ersten Veranlagung hat die Bestimmung einer dominierenden **Lebensenergiequelle** zum Ziel (äußere oder innere Welt). Die zweite Veranlagung wiederum bestimmt die dominierende Art und Weise, wie **Informationen aufgenommen werden** (mithilfe von Sinnen oder Intuition). Die dritte Veranlagung hingegen determiniert die dominante **Entscheidungsfindung** (Verstand oder Herz). Die Analyse der letzten Veranlagung schlussendlich liefert den dominanten **Lebensstil** (organisiert oder spontan). Die Kombination aller natürlichen Veranlagungen ergibt im Endresultat einen von **16 möglichen Persönlichkeitstypen**.

Eine besondere Eigenschaft der Typologie ID16™© ist ihre praktische Dimension. Sie beschreibt die einzelnen Persönlichkeitstypen in der Praxis – auf der Arbeit, im Alltag oder in zwischenmenschlichen Kontakten und Beziehungen. Diese Typologie konzentriert sich nicht auf die innere Dynamik der Persönlichkeit und versucht nicht, eine theoretische Erklärung für innere, unsichtbare

Prozesse zu finden. Viel mehr versucht sie zu erläutern, wie die jeweilige Persönlichkeit nach außen wirkt und welchen Einfluss sie auf ihr Umfeld nimmt. Diese Fokussierung auf den sozialen Aspekt einer jeden Persönlichkeit stellt eine Gemeinsamkeit mit der o. g. Typologie von Aušra Augustinavičiūtė dar.

Jeder der 16 Persönlichkeitstypen ID16™© ist eine Resultante natürlicher Veranlagungen des Menschen. Die Zuschreibung zum jeweiligen Typus birgt aber keine Bewertung. Keiner der Typen ist besser oder schlechter als die anderen. Jeder von ihnen ist schlichtweg anders und verfügt über seine eigenen starken und schwachen Seiten. ID16™© erlaubt es, diese Unterschiede zu identifizieren und sie zu beschreiben. Er hilft einem dabei sich selbst zu verstehen und seinen Platz auf dieser Welt zu finden.

Die Tatsache, dass Menschen ihr eigenes Persönlichkeitsprofil kennen, erlaubt es ihnen, voll und ganz ihr Potenzial zu nutzen und an all jenen Gebieten zu arbeiten, die ihnen Probleme bereiten könnten. Es ist eine unschätzbare Hilfe im Alltag, bei der Suche nach Problemlösungen, beim Aufbau gesunder zwischenmenschlicher Beziehungen sowie bei der Entscheidungsfindung auf dem Bildungs- und Berufsweg.

Die Identifizierung des Persönlichkeitstypus ist kein willkürlicher oder mechanischer Prozess. Jeder Mensch ist als „Inhaber und Nutzer seiner Persönlichkeit" in vollem Maße kompetent zu entscheiden, zu welchem Typus er gehört. Somit haben Menschen eine Schlüsselrolle in diesem Prozess. Solch eine Selbstidentifizierung kann zum einen dadurch erfolgen, dass man sich die Beschreibungen aller 16 Persönlichkeitstypen durchliest und schrittweise die Auswahl einengt. Zum anderen kann man aber auch den schnelleren Weg wählen und den Persönlichkeitstest ID16™© ausfüllen. Auch in diesem Falle spielt der „Nutzer einer Persönlichkeit" die Schlüsselrolle, denn das Ergebnis des Tests hängt einzig und allein von seinen Antworten ab.

Die Identifizierung soll dabei helfen, sich selbst und andere zu verstehen, wenngleich sie keinesfalls als Orakel für die Zukunft angesehen werden sollte. Der Persönlichkeitstyp sollte zudem nie unsere Schwächen oder schlechte Beziehungen zu anderen Menschen rechtfertigen (obwohl er helfen sollte, die Gründe hierfür zu verstehen)!

Im Rahmen von ID16™© wird die Persönlichkeit nie als statisch, genetisch determinierter Zustand verstanden, sondern als Resultante angeborener und erworbener Eigenschaften. Solch eine Perspektive vernachlässigt nicht den freien Willen und kategorisiert nicht. Sie eröffnet viel mehr neue Perspektiven und regt zur Arbeit an sich selbst an, indem sie Bereiche aufzeigt, in denen dies am meisten benötigt wird.

Der Verwalter (ESTJ)

PERSÖNLICHKEITSTYPOLOGIE ID16™©

Profil

Lebensmotto: *Erledigen wir diese Aufgabe!*

Fleißig, verantwortungsbewusst und überaus loyal. Energisch und entschieden. Sie schätzen Ordnung, Stabilität, Sicherheit und klare Regeln. *Verwalter* sind sachlich und konkret. Sie sind logisch, rational und praktisch. Sie vermögen es, sich eine große Menge detaillierter Informationen anzueignen.

Hervorragende Organisatoren, die Ineffizienz, Verschwendung und Faulheit nicht dulden. Sie sind ihren Überzeugungen treu und aufgeschlossen gegenüber anderen Menschen. Sie legen ihre Meinung entschieden dar und üben offen Kritik aus, weswegen sie manchmal ungewollt andere Menschen verletzen.

Natürliche Veranlagungen des *Verwalters*

- Die Quelle seiner Lebensenergie: seine äußere Welt.
- Informationsaufnahme: Sinne.
- Art und Weise wie Entscheidungen getroffen werden: Verstand.
- Lebensstil: organisiert.

Ähnliche Persönlichkeitstypen

- *Animateur*
- *Inspektor*
- *Praktiker*

Statistische Angaben

- *Verwalter* stellen ca. 10-13 % der Gesellschaft dar.
- Unter *Verwaltern* überwiegen Männer (60 %).
- Das Land, welches dem Profil des *Verwalters* entspricht, sind die USA.[1]

Buchstaben-Code

Der universelle Code des *Verwalters* ist in den Jungschen Persönlichkeitstypologien ESTJ.

---

[1] Dies bedeutet nicht, dass alle Einwohner der USA zu dieser Gruppe gehören, wenngleich die amerikanische Gesellschaft – als Ganzes – viele charakteristische Eigenschaften des *Verwalters* verkörpert.

Allgemeines Charakterbild

Verwalter sind entschlossen, selbstsicher und strotzen vor Energie. Sie sind ihren Überzeugungen überaus treu und betrachten das Leben rational. Sie verschwenden keine Zeit für abstrakte Theorien, Vermutungen oder Überlegungen. Interessant sind für sie nur Fakten, konkrete Tatsachenbestände und Beweise.

Wahrnehmung und Gedanken

Verwalter überwachen kontinuierlich ihre Umgebung auf der Suche nach Anzeichen von Ineffizienz und Verschwendung. Der Gedanke an eventuelle Verbesserungen motiviert sie zum Handeln. In der Regel ist es schwierig, sie für etwas zu engagieren, das nicht zur Lösung eines konkreten, handfesten Problems führt. Normalerweise sind sie auch skeptisch gegenüber neuen Ideen und Spekulationen über potenzielle Möglichkeiten oder Theorien, die in der Praxis nicht angewandt werden können. *Verwalter* mögen keine Experimente, da sie erprobte und bewährte Vorgehensweisen bevorzugen. Wenn sie eine Entscheidung über zukünftige Angelegenheiten fällen müssen, machen sie dies für gewöhnlich auf Grundlage ihrer bisherigen Erfahrung (oder der Erfahrung anderer Personen).

Bevor sie sich für etwas engagieren, verschaffen sie sich einen Überblick über die Gesamtsituation und wenden viel Zeit für die Sammlung relevanter Daten auf. Sie versuchen so viele Informationen wie möglich zu bekommen, um die bestmögliche Wahl zu treffen.

Verwalter äußern offen ihre Meinung. Wenn ihnen etwas nicht gefällt, sagen sie es. Normalerweise sind sie sich ihrer Meinung sicher. Sie gehen davon aus, dass andere Menschen ihnen nicht viel zu bieten haben, weswegen sie der Meinung und den Ansichten anderer keine größere Bedeutung beimessen.

In den Augen anderer Menschen

Andere Menschen sehen in ihnen entschlossene, fleißige und verantwortungsvolle Menschen. Viele sind jedoch aufgrund ihrer Direktheit, Selbstsicherheit und herablassenden Lebensart eingeschüchtert oder gar gereizt. *Verwalter* gelten oftmals als Menschen, die „immer alles am besten wissen". Ferner gelten sie auch als unflexibel, zu offiziell, übermäßig organisiert und pedantisch.

Verwalter wiederum stört an anderen Menschen deren Inkompetenz, mangelhafte Sorgfalt und Leichtfertigkeit. Sie sind nicht imstande Menschen zu verstehen, die sich ununterbrochen verspäten, ihr Wort nicht halten, leichtsinnig Geld ausgeben oder ihre (oder fremde) Zeit nicht respektieren. Sie mögen auch keine Menschen, die allgemein geltende Regeln brechen, Abkürzungen wählen oder nur an sich denken. Ebenso hegen *Verwalter* Abneigung gegenüber Menschen, die sich - trotz fehlender Erfahrung - für herausragende Experten halten.

Kompass im Leben

Verwalter schätzen Tradition, allgemein geschätzte Werte sowie erprobte und bewährte Vorgehensweisen. Sie sind ihrer Überzeugung außerordentlich treu und handeln gemäß den Regeln, an die sie glauben. Für gewöhnlich haben sie großen Respekt vor Autoritäten und sind verantwortungsbewusste und rechtschaffene Bürger. Sie versuchen auf praktische Art und Weise ihren Anteil an einem gut funktionierenden Staat und ihrer lokalen Gemeinschaft zu leisten. *Verwalter* schätzen Stabilität, Sicherheit und Vorhersehbarkeit. Verhaltensweisen, die die Harmonie stören und eine Gefahr für die gesellschaftliche Ordnung darstellen, können sie wiederum nicht dulden. Sie stören sich an Radikalismus und Extremismus.

Ferner mögen *Verwalter* keine bizarren Erscheinungen oder jegliche Art von Abweichungen von allgemein akzeptierten Verhaltensmustern. Veränderungen, neuen Ideen und Experimenten begegnen sie mit Vorsicht. Sie verneinen sie zwar nicht, möchten aber sicher gehen, dass sie nützliche und praktische Resultate liefern (z.B. die Effizienz steigern oder Ersparnisse einbringen). *Verwalter* gehen davon aus, dass es keinen Sinn macht, etwas zu ändern, was gut funktioniert, weswegen sie auch keine Veränderungen mögen, deren einzige Ursache der Wille ist, etwas Neues zu erschaffen.

Organisation

Verwalter brauchen Struktur. Sie dulden keine Unordnung, Chaos oder Improvisation. Sie mögen Ordnung und gute Organisation, können somit in keiner Umgebung leben, in der keine Regeln und Normen vorherrschen. Wenn sie die Möglichkeit sehen, ein System zu verfeinern, seine Effektivität zu verbessern oder Verschwendung vorzubeugen, sind sie motiviert zu handeln. *Verwalter* übernehmen gerne die Verantwortung für die Lösung eines Problems und übernehmen so die natürliche Leitposition.

Sie sind hervorragende Verwalter (daher auch die Bezeichnung für diesen Persönlichkeitstyp). Sie vermögen es, Handlungsstrategien zu entwerfen, Prozeduren zu erläutern und gekonnt die Arbeit anderer zu verwalten. *Verwalter* mögen es, die Kontrolle über die Lage zu behalten. Dies ist aber nicht, wie einige denken mögen, durch die Gier nach Macht bedingt, sondern durch die Annahme, dass eine Aufgabe nur dann ordnungsgerecht ausgeführt wird, wenn sie diese koordinieren. *Verwalter* sind für gewöhnlich sehr anspruchsvoll (auch gegenüber sich selbst) und kritisch. Sie dulden keine Faulenzerei, Unzuverlässigkeit oder die Vernachlässigung von Pflichten. Sie sind nicht imstande, passiv Ungerechtigkeiten oder Brüche von Regeln, an die sie glauben, zu beobachten. In solchen Situationen sind sie imstande dagegen anzukämpfen, auch wenn es viel kosten sollte.

Von Natur aus verantwortungsbewusst, praktisch veranlagt und pünktlich erwarten sie dasselbe von anderen. Sie versuchen die ihnen aufgetragenen Aufgaben bestmöglich auszuführen. *Verwalter* planen oftmals (in Gedanken oder auf Papier) ihren Tag im Voraus und bereiten eine To-Do-Liste vor. Für gewöhnlich halten sie sich gewissenhaft an festgelegte Prozeduren und ordnen sich gerne ihren Vorgesetzten unter. Aus ihrer Perspektive ist dies unabdinglich, damit alles reibungslos verläuft. *Verwalter* erkennen Anzeichen von Ineffizienz, die für andere nicht sichtbar sind, und schätzen ihre Zeit, weswegen sie versuchen, jede Minute optimal zu nutzen.

Freizeit

Sie erfreuen sich an einfachen Sachen: die Zeit mit Familie und Freunden, gemeinsames Essen, Spiele. Sie vermögen es zu entspannen und zu relaxen, wenngleich nur dann, wenn keine neuen Aufgaben auf sie warten! In der Regel verbringen *Verwalter* ihre Freizeit gerne aktiv. Der langwierige Stress führt dazu, dass sie sich entfremdet und überflüssig fühlen, weshalb sie anfangen, ihren eigenen Wert anzuzweifeln. Der Druck führt manchmal dazu, dass sie sich abschotten und dogmatisch bzw. stur werden.

Sozialer Aspekt der Persönlichkeit

Verwalter mögen es, unter Menschen zu sein und finden sich gut unter neuen Personen zurecht. Sie neigen dazu, formal bei der Kontaktpflege zu sein, wenngleich es recht einfach ist, mit ihnen Bekanntschaft zu schließen und sie kennenzulernen. Sie versuchen taktvoll und höflich zu sein, wobei sie es nicht zulassen, dass andere sie ausnutzen. Ferner kämpfen *Verwalter* nicht um jeden Preis um die Sympathien anderer Menschen. Sie sind unempfänglich für Druck von außen oder Manipulationen.

Für gewöhnlich verspüren sie die Zugehörigkeit zu einer größeren Gruppe. Oftmals engagieren sie sich für soziale Initiativen und sind Mitglied in verschiedenen Clubs, Vereinigungen oder Gemeinschaften. *Verwalter* scheuen keine Pflichten und opfern gerne ihre Zeit für die Realisierung von Zielen, mit denen sie sich identifizieren. Sie legen großen Wert auf familiäre Sitten und Feste. Kontakte zu Bekannten hingegen pflegen sie gewissenhaft und nutzen jede Gelegenheit für ein Treffen mit Freunden.

Verwalter sind gegenüber ihrer Familie außerordentlich loyal. Verantwortung ist für sie die Basis für alle zwischenmenschlichen Beziehungen. Sie geben viel und verlangen dies auch von anderen. Sie helfen gerne, unterstützen andere Menschen, geben ihnen Kraft und helfen ihnen, ihre Talente zu entdecken, wofür sie viel Zeit und Energie opfern. Auch ihre Erfahrung teilen sie gerne.

Menschen mit dieser Persönlichkeit mögen es, wenn andere ihre Hingabe anerkennen und sich dankbar für ihre Hilfe zeigen. Sie sind der Ansicht, dass Handeln wichtiger ist als Worte. Ihre Bindung und Hingabe äußern sie dementsprechend auf praktische Art und Weise. Ihre Emotionen offenbaren sie jedoch recht selten und sind sparsam mit Lob. Eines ihrer Probleme ist auch das fehlende Vermögen, die Gefühle und Emotionen anderer zu deuten. Es kommt vor, dass sie mit ihren direkten Bemerkungen sowie unmissverständlichen Kommentaren unwissentlich andere verletzen.

Unter Freunden

Verwalter mögen für gewöhnlich die Gesellschaft von Menschen, denen sie trauen können und auf die sie immer zählen können. Sie mögen es, mit ihnen Zeit zu verbringen und schöpfen daraus wahre Freude. Fremde Menschen betrachten *Verwalter* oft als formelle und strenge Traditionalisten, wenngleich Freunde sie von einer ganz anderen Seite her kennen – als Menschen, die Spaß haben können, witzig sind und gerne im Mittelpunkt stehen. Ihr direkter Stil, obgleich er manchmal andere einschüchtert, bewirkt, dass man sie recht einfach erkennen kann. Sie sprechen nämlich das aus, was sie denken und verbergen ihre Meinung und ihre Ansichten nicht. Wenn sie unter Freunden sind, nehmen sie keine Rollen ein und setzen sich keine Maske auf.

Oftmals schließen *Verwalter* Freundschaften für ein ganzes Leben. Sie integrieren sich gewöhnlich schnell mit Kollegen auf der Arbeit. Darüber hinaus sind sie Treffen und Integrationsveranstaltungen nicht abgeneigt, wobei sie sich auch mit ihnen in der Freizeit gerne treffen. *Verwalter* schätzen erfahrene, kompetente und einflussreiche Menschen. Dafür sind sie extravaganten und exzentrischen Menschen sowie all jenen abgeneigt, die Konventionen nicht einhalten. Es fällt ihnen zudem schwer, einen gemeinsamen Nenner mit Menschen zu finden, die die Welt komplett anders sehen. Am häufigsten freunden sie sich mit *Animateuren*, *Inspekteuren* und *Direktoren* an. Am seltensten hingegen mit *Idealisten*, *Enthusiasten*, *Beratern* und anderen *Verwaltern*. Bekannte von *Verwaltern* schätzen ihre Hingabe und Zuverlässigkeit, wenngleich sie manchmal – trotz langer Bekanntschaft – sich von ihrer Selbstsicherheit erdrückt fühlen.

In der Ehe

Die Ehe ist *Verwaltern* heilig. Normalerweise lassen Sie den Gedanken über eine Scheidung gar nicht an sich heran. Falls aber ihre Beziehung scheitert, sind sie imstande, sich schnell wieder zu sammeln. Familie ist für sie eine der wichtigsten Sachen im Leben. Sie nehmen alle familiären Pflichten sehr ernst. Für ihre Familie, der sie jederzeit gerne helfen, sind sie eine wahre Stütze. Es ist für *Verwalter* eine natürliche Pflicht, ihrer Familie ein würdiges Leben und Sicherheit zu gewährleisten, denn sie ist für sie jegliches Engagement und Aufopferung wert. Ihre Verbundenheit und Hingabe äußern sie auf praktische Art und Weise, indem sie sich im Familienleben engagieren und ihre häuslichen Pflichten erfüllen.

Ihrer Verantwortung gegenüber ihrer Familie durchaus bewusst, versuchen *Verwalter* nicht selten, Anweisungen zu erteilen und zu belehren (was für gewöhnlich nicht gerne von ihren Partnern gesehen wird). *Verwalter* vermögen es zudem nicht, Emotionen und Gefühle ihrer Lebenspartner zu deuten, weswegen sie sie manchmal mit ihren groben Kommentaren und Bemerkungen unwissentlich verletzen. Sie zeigen ihren Partnern selten spontan Zuneigung. Viele Komplimente gehören auch nicht zu den Stärken von *Verwaltern* (sie loben eher für konkrete Verdienste). Ihre Lebenspartner können in dieser Hinsicht also gewisse Defizite verspüren.

Natürliche Kandidaten als Lebenspartner sind für *Verwalter* Personen mit verwandten Persönlichkeitstypen: *Animateure*, *Inspektoren* oder *Praktiker*. In solchen Beziehungen ist es für sie einfacher gegenseitiges Verständnis und harmonische Beziehungen aufzubauen. Die Erfahrung zeigt aber, dass *Verwalter* auch imstande sind, gelungene, glückliche Beziehungen mit Personen einzugehen, deren Typ offensichtlich völlig verschieden ist. Umso interessanter sind diese Beziehungen, da die Unterschiede zwischen den Partnern der Beziehung Dynamik verleihen und Einfluss auf die persönliche Entwicklung nehmen können (viele Personen bevorzugen diese Perspektive, die sich für sie interessanter gestaltet als eine harmonische Beziehung, in der ständig Einklang und gegenseitiges Verständnis herrscht).

Als Eltern

Verwalter nehmen ihre elterlichen Pflichten sehr ernst. Die Rolle der Eltern ist für sie etwas ganz Natürliches. Sie bemühen sich sehr, um ihre Kinder zu verantwortungsbewussten und unabhängigen Menschen zu erziehen. *Verwalter* bevorzugen ein traditionelles Familienmodell, in dem die Eltern für Kinder eine Autorität darstellen (sie sind keine „Kumpel"), weswegen ihnen auch Respekt gebührt werden sollte. Sie dulden keinen Ungehorsam und die Nichtbeachtung von Regeln. Gegenüber ihren Kindern sind sie anspruchsvoll und führen gerne Disziplin ein.

Da sie gerne kritisch sind, sind *Verwalter* zugleich sparsam, wenn es um Lob für ihre Kinder geht. Oftmals erkennen sie auch nicht, welche emotionalen Bedürfnisse ihr Nachwuchs hat und zeigen ihnen infolgedessen auch nur unzureichend Fürsorge. Dafür möchten sie ihnen aber richtige Verhaltensweisen sowie den Unterschied zwischen Gut und Böse beibringen. Ihre Kinder lernen von ihnen auch eine praktische, logische und vernünftige Herangehensweise an Probleme. *Verwalter* verlieren ihre Geduld, wenn ihre Kinder immerfort die gleichen Fehler machen bzw. ununterbrochen ihre Pflichten vernachlässigen. Nichtsdestotrotz sind sie ihnen sehr ergeben und opfern für sie viel Zeit und Energie auf. Nach vielen Jahren schätzen ihre Kinder vor allem ihre Bereitschaft und ihre Aufopferung sowie die Tatsache, dass ihre Eltern immer eine Stütze für sie waren und ihnen die Funktionsweise der Welt eingetrichtert haben.

Arbeit und Karriere

Verwalter sind Titanen der Arbeit, die sich voll für die Realisierung der ihnen aufgetragenen Pflichten engagieren. Sie sind nicht imstande, bewusst ihre Fähigkeiten während der Arbeit nicht komplett auszuschöpfen. *Verwalter* kommen hervorragend mit praktischen Aufgaben zurecht, vermögen es komplexe Prozeduren zu befolgen und passen sich an Richtlinien an. Sie bevorzugen ein stabiles Umfeld, weswegen sie auch keine häufigen Veränderungen mögen.

Im Team

Verwalter sind der Ansicht, dass nur die gewissenhafte Ausführung von Pflichten, Kooperation und klare Regeln ein Team zu seinem Ziel führen können. Menschen mit diesem Persönlichkeitstyp treten in keine Konflikte mit ihren Vorgesetzten und sind zuverlässig. Ferner vermögen sie es in Harmonie mit anderen Menschen zusammenarbeiten. Es passiert selten, dass sie die Anordnungen ihrer Vorgesetzten anzweifeln oder bestehende Prozeduren ignorieren.

Organisation

Verwalter müssen nicht erinnert, gehetzt, beaufsichtigt oder kontrolliert werden. Sie handeln selbstmotiviert und erfreuen sich an gut ausgeführter Arbeit.

Sie eignen sich hervorragend für Arbeiten, die organisatorischer Fähigkeiten und einer Vorliebe für Ordnung bedürfen. *Verwalter* sind unersetzlich bei der Vorbereitung von Handlungsstrategien, Plänen, Systemen und Zeitplänen (mitsamt deren Durchsetzung!). Wenn sie ein Team oder ein System koordinieren sollen, kann davon ausgegangen werden, dass sie penibel alle obligatorischen Prozeduren und Termine einhalten werden, damit die Arbeit reibungslos und ohne Störungen verläuft.

Verwalter verstehen Menschen nicht, die sich keine Mühe bei den ihnen aufgetragenen Aufgaben machen, bewusst Vorschriften missachten oder vorab festgelegten Verpflichtungen nicht nachgehen. Sie erkennen Ungerechtigkeit, wenn solide Mitarbeiter auf gleicher Höhe mit all jenen behandelt werden, die ihren Pflichten nicht voll nachgehen. Sie sind entschiedene Befürworter von ergebnisorientierten Belohnungen. Gerecht hingegen heißt für *Verwalter* keineswegs, dass es gleich für alle ist.

Aufgaben

Verwalter bevorzugen Aufgaben mit kurzfristigen Terminen. Sie mögen es, konkrete und handfeste Probleme zu lösen und im Nachhinein die Früchte ihrer Arbeit zu sehen. Sie sind überaus zufrieden, wenn Systeme wieder funktionieren, Mittel, die früher vergeudet wurden, nun effektiv eingesetzt werden oder eine neue Arbeitsorganisation immens viel Zeit spart. Sie finden sich wiederum schlechter in Situationen zurecht, in denen sie in die Zukunft blicken, an Theorien anknüpfen, improvisieren oder intuitiv handeln müssen.

Unternehmen

Verwalter mögen Vorgesetzte, die ihre Mitarbeiter respektieren, ihre Erfahrung schätzen und sie für ihre Erfolge belohnen. Aufgrund ihrer Zuverlässigkeit, Loyalität und Vorhersehbarkeit sind sie für Aufgaben in der Verwaltung (in staatlichen Institutionen und in der Wirtschaft) geeignet. *Verwalter* schätzen Stabilität und Prestige, die mit einer Anstellung in großen Institutionen oder Unternehmen mit einer gefestigten Position verbunden sind. Sie sind sehr loyale Mitarbeiter, die sich in hierarchischen, korporatistischen Strukturen, die Karrieremöglichkeiten bieten, wiederfinden.

Oft bleiben sie in einer Firma über die meiste Zeit ihres Lebens und erklimmen immer höhere Posten in der internen Hierarchie (nicht selten bis ganz nach oben). Auch Konkurrenz und Wettbewerb können *Verwalter* gut verkraften.

Vorgesetzte

Verwalter haben angeborene Eigenschaften eines Anführers und vermögen es, die Arbeit anderer Menschen zu organisieren und zu beaufsichtigen. Sie mögen es, Entscheidungen zu fällen und Einfluss auf den Verlauf von Ereignissen zu haben. Ferner beschäftigen sie sich gerne mit der Lösung von praktischen Problemen. Theoretische Probleme sowie strategische Planungen gehören nicht zu ihren Stärken.

Als Anführer besetzen *Verwalter* häufiger die Rolle von Managern als von Visionären. In Kontakten mit ihren Mitarbeitern bevorzugen sie einen formellen und amtlichen Ton. Bei Einschätzungen sind sie für gewöhnlich kritisch und anspruchsvoll, dabei aber auch überaus objektiv und gerecht. *Verwalter* bestimmen Prioritäten und zeigen ihren Mitarbeitern klare Ziele auf, weswegen sie leicht deren Leistungen einschätzen können. Von Natur aus ungeduldig möchten sie, dass ausstehende Aufgaben so schnell wie möglich erledigt werden. Das Wissen über Rückstände oder eventuelle Verspätungen bewirkt bei ihnen Unbehagen.

Wenn sie sich auf dringende Angelegenheiten konzentrieren, verlieren sie oft wichtige Aufgaben aus den Augen (vor allem in langfristiger Perspektive). *Verwalter* neigen auch dazu, mit ihren Aufgaben überfordert zu sein. Ihr Problem besteht nämlich darin, dass sie übertrieben versuchen, ihre Mitarbeiter zu kontrollieren und oftmals ihnen Aufgaben nicht erteilen, da sie der Ansicht sind, sie würden es schneller und besser machen als andere (was oftmals auch stimmt). Indem sie so agieren, entmutigen sie ihre Mitarbeiter, selbstständig zu handeln, und nehmen ihnen das Privileg ab, aus ihren Fehlern zu lernen.

Berufe

Das Wissen über das eigene Persönlichkeitsprofil sowie die natürlichen Präferenzen stellen eine unschätzbare Hilfe bei der Wahl des optimalen Berufsweges dar. Die Erfahrung zeigt, dass *Verwalter* mit Erfolg in verschiedenen Bereichen arbeiten und aufgehen können. Doch dieser Persönlichkeitstyp prädisponiert sie auf natürliche Art und Weise zu folgenden Berufen:

- Administrator,
- Auditor,
- Bankangestellter,
- Beamter,
- Bibliothekar,
- Buchhalter,
- Büroleiter,
- Coach,
- Detektiv,
- Direktor,
- Dozent,
- Handelsvertreter,
- Informatiker,

- Ingenieur,
- Inspektor,
- Jurist,
- Koch,
- Lehrer,
- Manager,
- Mitarbeiter im öffentlichen Dienst,
- Ökonom,
- Pharmazeut,
- Politiker,
- Polizeibeamter,
- Projektkoordinator,
- Richter,
- Soldat,
- Techniker,
- Versicherungsagent,
- Verwalter,
- Wissenschaftler.

Potenzielle starke und schwache Seiten

Ähnlich wie auch andere Persönlichkeitstypen haben *Verwalter* potenzielle starke und schwache Seiten. Dieses Potenzial kann auf verschiedenste Weise ausgeschöpft werden. Glück im Privatleben sowie Erfolg im Beruf hängen bei *Verwaltern* davon ab, ob sie die Chancen, die mit ihrem Persönlichkeitstyp verknüpft sind, nutzen und ob sie den Gefahren auf ihrem Weg die Stirn bieten können. Im Folgenden eine ZUSAMMENFASSUNG dieser Chancen und Gefahren:

Potenzielle starke Seiten

Verwalter sind enthusiastisch, freundschaftlich und helfen gerne anderen Menschen. Sie haben eine innere Motivation zu arbeiten und sind überaus pflichtbewusst. Es sind zudem energische, entschlossene und sachliche Menschen, die gerne die Verantwortung für Aufgaben übernehmen und auch imstande sind, Menschen zu leiten. Sie verfügen über angeborene Führertalente und vermögen es, unparteiische und objektive Bewertungen abzugeben. *Verwalter* sind logisch, rational und außergewöhnlich praktisch veranlagt. Sie sagen stets das, was sie denken und sind direkt. Ferner vertragen sie gut Kritik, können aber auch selbst ein kritisches Urteil fällen.

Für gewöhnlich sind sie sehr scharfsinnig, haben ein gutes Erinnerungsvermögen und vermögen es, eine große Zahl an detaillierten Daten aufzunehmen. Wenn Sie die Möglichkeit sehen, ein System zu verfeinern, seine Effektivität zu verbessern oder Verschwendung vorzubeugen, sind sie motiviert zu handeln. *Verwalter* sind imstande, Pläne und Prozeduren zu erschaffen und erkennen Anzeichen von Ineffizienz, die für andere nicht sichtbar sind. Sie sind fleißig, pflicht- und verantwortungsbewusst und überaus loyal. Die ihnen aufgetragenen Aufgaben erfüllen sie fristgerecht, oftmals vor dem Termin. Sie sind nicht dazu imstande, bewusst ihre Fähigkeiten während der Arbeit nicht komplett auszuschöpfen. *Verwalter* lieben Ordnung und haben einen Sinn für Organisation. Sie sind gut in der Verwaltung von Mitteln und stellen hervorragende Organisatoren und Verwalter von Systemen dar. Unabhängig und gegen Manipulationen standhaft sind es Menschen, die ihren Ansichten treu sind und ohne Rücksicht auf ihr Umfeld an den eigenen Grundsätzen festhalten.

Potenzielle schwache Seiten

Verwalter gehen für gewöhnlich von der Annahme aus, dass sie Recht haben. Sie verschließen sich oftmals für Meinungen anderer, die von ihren eigenen abweichen, wodurch sie ihre Sicht der Dinge einschränken. Dieser Persönlichkeitstyp verfügt zudem über eine angeborene Veranlagung, Menschen anzuleiten und zu belehren.

Manchmal verhalten sich *Verwalter* herablassend und versuchen Druck auf andere auszuüben. Sie neigen dazu, sich zu sehr auf Details zu konzentrieren, weswegen sie oftmals einen breiteren Kontext nicht zu erkennen vermögen. Schwierigkeiten bereiten ihnen auch theoretische Tatsachenbestände sowie die Erkennung zukünftiger Konsequenzen aktueller Entscheidungen und Ereignisse. *Verwalter* verlieren den Boden unter ihren Füßen, wenn sie über die Zukunft nachdenken, intuitiv handeln oder improvisieren müssen. Sie tendieren dazu, sich eher auf dringende als wichtige Angelegenheiten zu konzentrieren. Eines ihrer häufigsten Probleme ist es, dass sie nicht imstande sind, genügend Pflichten abzugeben, und dass sie sich in die Arbeit ihrer untergeordneten Mitarbeiter oder Kollegen einmischen. Sie sind sehr anspruchsvoll, doch diese Ansprüche sind nicht selten unrealistisch. Ihr Verhalten könnte den Anschein erwecken, dass es schwer ist, sie zufrieden zu stellen.

Verwalter haben Schwierigkeiten damit, die Emotionen und Gefühle anderer Menschen zu deuten, weswegen es ihnen oftmals nicht bewusst ist, dass sie anderen Leid zufügen. Sie sind sich auch nicht im Klaren, dass ihre kräftigen Äußerungen und Witze anderen Menschen wehtun können. Ihre Kommunikationsform ist ab und an der Situation oder den Umständen unangemessen. *Verwalter* haben auch Schwierigkeiten, eigene Emotionen und Gefühle zu äußern und anderen gegenüber herzlich zu sein. Für gewöhnlich sind sie sparsam mit Lob, dafür aber großzügig bei Kritik. Von Natur aus wenig flexibel vertragen *Verwalter* jegliche Veränderungen recht schlecht. Sie tendieren darüber hinaus stur, dogmatisch, ungeduldig und explosiv zu sein. Auch übertriebenes Fokussieren auf aktuelle Vorteile, den sozialen Status sowie materielle Güter gehört zu ihren Schwächen.

Persönliche Entwicklung

Die persönliche Entwicklung von *Verwaltern* hängt davon ab, in welchem Grad sie ihr natürliches Potenzial nutzen und ob sie die Gefahren, die in Verbindung mit ihrem Typ stehen, zu bewältigen vermögen. Die folgenden praktischen Tipps stellen eine Art Dekalog des *Verwalters* dar.

Seien Sie nachsichtiger

Begegnen Sie Kindern, Jugendlichen und Personen mit weniger Erfahrung bzw. Fähigkeiten mit mehr Geduld. Nicht alle Menschen sind auf denselben Gebieten begabt. Einige können gewisse Aufgaben einfach nicht meistern und dies hat nichts mit Böswilligkeit oder Faulheit zu tun.

Hören Sie zu

Versuchen Sie Menschen Interesse zu zeigen, auch wenn Sie nicht mit ihrer Meinung einverstanden sind bzw. Sie fest davon überzeugt sind, dass sie Unrecht haben. Antworten Sie nicht, bevor Ihr Gegenüber nicht zu Ende gesprochen hat. Die Fähigkeit, anderen zuzuhören, könnte Ihre Beziehungen zu anderen Menschen verbessern.

Protestieren Sie nicht gegen Veränderungen

Lehnen Sie nicht sofort Ideen, die Veränderungen mit sich bringen oder die bestehende Ordnung in Frage stellen, aus Prinzip ab. Wenn Sie dies machen, verlieren Sie die Chance zur Weiterentwicklung und können keine wertvollen Erfahrungen sammeln. Veränderungen bringen zwar immer ein gewisses Risiko mit sich, aber dieses ist oft geringer als Sie denken.

Sehen Sie ein, dass Sie auch im Irrtum sein können

Sie müssen nicht immer Recht haben. Manchmal können Sie auch irren, denn nicht selten ist die Realität komplexer, als es Ihnen vorkommt, weswegen beide Seiten (zumindest teilweise) Recht haben können. Gehen Sie auch nicht von der Annahme aus, dass es niemanden gibt, der sich auf einem gewissen Fachgebiet genauso gut auskennt wie Sie.

Loben Sie andere Menschen

Nutzen Sie jede Gelegenheit, um andere Menschen zu schätzen, ihnen etwas Nettes zu sagen oder für ihre Arbeit zu loben. Im Beruf sollten Sie andere Menschen nicht nur für die getane Arbeit schätzen, aber auch dafür, was für Menschen sie sind. Sie werden den Unterschied merken und werden überrascht sein!

Kritisieren Sie weniger

Nicht jeder ist imstande, konstruktive Kritik so aufzunehmen wie Sie. Im Falle vieler Menschen funktioniert offene Kritik destruktiv. Forschungen zufolge wirkt Lob für positive Verhaltensweisen, selbst wenn diese nur selten vorkommen, motivierender auf Menschen als die Kritik an negativem Verhalten.

Behandeln Sie andere „menschlich"

Menschen wollen nicht nur als Werkzeug zur Realisierung von Zielen angesehen werden. Sie möchten, dass ihre Emotionen, Gefühle und Leidenschaften erkannt werden. Wenn Sie also mit Menschen umgehen, versuchen Sie sich in ihre Lage zu versetzen, um zu verstehen, was sie fühlen, welche Leidenschaft sie haben, was sie bekümmert oder gar verängstigt…

Überlassen Sie einige Dinge ihrem natürlichen Lauf

Es wird Ihnen nicht gelingen, alles unter Kontrolle zu haben und Sie werden auch nicht immer Herr der Lage sein können. Überlassen Sie unwichtigere Dinge ihrem natürlichen Lauf, erledigen Sie weniger dringende Angelegenheiten erst später. Hören Sie auf, Menschen zu reformieren. Sie werden damit viel Energie sparen können und Frustration vermeiden.

Schieben Sie anderen nicht die Schuld für Ihre Probleme zu

Probleme müssen nicht zwangsweise durch andere entstehen. Auch Sie können der Grund sein! Ihnen können auch Fehler passieren. Auch Sie können der Grund für ein Problem sein.

Beherrschen Sie sich

Wenn Sie spüren, dass Sie gleich explodieren, versuchen Sie zu entspannen, sich zu beruhigen, einen Moment lang an etwas anderes zu denken. Wutausbrüche helfen weder Ihnen noch anderen Menschen in Ihrem Umfeld.

Bekannte Personen

Eine Liste bekannter Personen, die dem Profil des *Verwalters* entsprechen:

- **Carry Nation** (1846-1911) – US-amerikanische Aktivistin für Abstinenz und Nüchternheit;

- **Bette Davis**, eigtl. Ruth Elizabeth Davis (1908-1989) – US-amerikanische Theater- und Filmschauspielerin (u. a. *Alles über Eva*), Trägerin zahlreicher prestigeträchtiger Auszeichnungen und Preise, eine der größten Schauspielerinnen aller Zeiten;

- **Harry S. Truman** (1884-1972) – der 33. Präsident der Vereinigten Staaten;

- **Billy Graham**, eigtl. William Franklin Graham Jr. (1918-2018) – US-amerikanischer Baptistenpastor, einer der bekanntesten Evangelisten auf der Welt, Buchautor (u. a. *Friede mit Gott*);

- **Sandra Day O'Connor** (geb. 1930) – US-amerikanische Juristin, war als erste Frau Richterin am Obersten Gerichtshof der USA;

- **George W. Bush** (geb. 1946) – 43. Präsident der Vereinigten Staaten;

- **Susan Sarandon**, eigtl. Susan Abigail Tomalin (geb. 1946) – US-amerikanische Schauspielerin (u. a. *Dead Man Walking – sein letzter Gang*);

- **John de Lancie** (geb. 1948) – US-amerikanischer Filmschauspieler (u. a. *Star Trek*);

- **Bruce Willis** (geb. 1955) – US-amerikanischer Filmschauspieler (u. a. *Armageddon*) und Musiker;

- **Mickey Rourke** (geb. 1956) – US-amerikanischer Filmschauspieler (u. a. *The Animal Factory – Rache eines Verurteilten*) und Drehbuchautor;

- **Laura Linney** (geb. 1964) – US-amerikanische Filmschauspielerin (u. a. *Mystic River*);
- **Brendan Fraser** (geb. 1968) – US-amerikanisch-kanadischer Filmschauspieler (u. a. *Die Mumie*);
- **Daniel Craig** (geb. 1968) – britischer Theater- und Filmschauspieler (u. a. *Casino Royale*).

Die 16 Persönlichkeits-typen im Überblick

Der Animateur (ESTP)

Lebensmotto: *Lasst uns etwas unternehmen!*

Energisch, aktiv und unternehmerisch. Sie mögen die Gesellschaft anderer Menschen und sind imstande, den Augenblick zu genießen. Spontan, flexibel und offen für Veränderungen.

Enthusiastische Anreger und Initiatoren, die andere zum Handeln motivieren. Logisch, rational und überaus pragmatisch. *Animateure* sind Realisten, die abstrakte Ideen und die Zukunft betreffende Erwägungen ermüdend finden. Sie konzentrieren sich viel mehr auf konkrete Lösungen von aktuellen Problemen. Sie haben manchmal Schwierigkeiten bei der Organisation und Planung, denn sie neigen zu impulsiven Handlungen, weswegen es passieren kann, dass sie erst handeln und dann nachdenken.

Natürliche Veranlagungen des *Animateurs*

- Die Quelle seiner Lebensenergie: seine äußere Welt.
- Informationsaufnahme: Sinne.
- Art und Weise wie Entscheidungen getroffen werden: Verstand.
- Lebensstil: spontan.

Ähnliche Persönlichkeitstypen

- *Verwalter*
- *Praktiker*
- *Inspektor*

Statistische Angaben

- *Animateure* stellen ca. 6-10 % der Gesellschaft dar.
- Unter *Animateuren* überwiegen Männer (60 %).
- Das Land, welches dem Profil des *Animateurs* entspricht, ist Australien.[2]

---

[2] Dies bedeutet nicht, dass alle Einwohner von Australien zu dieser Gruppe gehören, wenngleich die australische Gesellschaft – als Ganzes – viele charakteristische Eigenschaften des *Animateurs* verkörpert.

Buchstaben-Code

Der universelle Code des *Animateurs* ist in den Jungschen Persönlichkeitstypologien ESTP.

Mehr:

Jarosław Jankowski
Ihr Persönlichkeitstyp: Animateur (ESTP)

Der Anwalt (ESFJ)

Lebensmotto: *Wie kann ich dir helfen?*

Enthusiastisch, energisch und gut organisiert. Praktisch, verantwortungsbewusst und gewissenhaft. Darüber hinaus herzlich und überaus gesellig.

Anwälte erkennen menschliche Stimmungen, Emotionen und Bedürfnisse. Sie schätzen Harmonie und vertragen schlecht Kritik oder Konflikte. Sie sind sehr sensibel in Bezug auf Ungerechtigkeiten sowie das Leid anderer Menschen. Sie interessieren sich aufrichtig für die Probleme anderer und sind glücklich, wenn sie ihnen helfen können. Indem sie sich um die Bedürfnisse anderer kümmern, vernachlässigen sie oftmals ihre eigenen. *Anwälte* neigen dazu, anderen auszuhelfen. Sie sind anfällig für Manipulationen.

Natürliche Veranlagungen des *Anwalts*

- Die Quelle seiner Lebensenergie: seine äußere Welt.
- Informationsaufnahme: Sinne.

- Art und Weise wie Entscheidungen getroffen werden: Herz.
- Lebensstil: organisiert.

Ähnliche Persönlichkeitstypen

- *Moderator*
- *Betreuer*
- *Künstler*

Statistische Angaben

- *Anwälte* stellen ca. 10-13 % der Gesellschaft dar.
- Unter *Anwälten* überwiegen Frauen (70 %).
- Das Land, welches dem Profil des *Anwalts* entspricht, ist Kanada.

Buchstaben-Code

Der universelle Code des *Anwalts* ist in den Jungschen Persönlichkeitstypologien ESFJ.

Mehr:

Jarosław Jankowski
Ihr Persönlichkeitstyp: Anwalt (ESFJ)

Der Berater (ENFJ)

Lebensmotto: *Meine Freunde sind meine Welt.*

Optimistisch, enthusiastisch und scharfsinnig. Höflich und taktvoll. Sie verfügen über ein unglaubliches Empathievermögen, wodurch es sie glücklich stimmt, durch selbstloses Handeln anderen Menschen Gutes zu tun. *Berater* vermögen es, Einfluss auf das Leben anderer zu nehmen – sie inspirieren, entdecken in ihnen verstecktes Potenzial und verleihen ihnen Glauben an das eigene Können. *Berater* strahlen Wärme aus, weswegen sie andere Menschen anziehen. Sie helfen ihnen oftmals, persönliche Probleme zu lösen.

Doch *Berater* neigen dazu, gutgläubig zu sein und die Welt durch eine rosarote Brille zu betrachten. Da sie ständig auf andere Menschen fixiert sind, vergessen sie oftmals ihre eigenen Bedürfnisse.

Natürliche Veranlagungen des *Beraters*

- Die Quelle seiner Lebensenergie: seine äußere Welt.
- Informationsaufnahme: Intuition.
- Art und Weise wie Entscheidungen getroffen werden: Herz.
- Lebensstil: organisiert.

Ähnliche Persönlichkeitstypen

- *Enthusiast*
- *Mentor*
- *Idealist*

Statistische Angaben

- *Berater* stellen ca. 3-5 % der Gesellschaft dar.
- Unter *Beratern* überwiegen Frauen (80 %).

- Das Land, welches dem Profil des *Beraters* entspricht, ist Frankreich.

Buchstaben-Code

Der universelle Code des *Beraters* ist in den Jungschen Persönlichkeitstypologien ENFJ.

Mehr:

Jarosław Jankowski
Ihr Persönlichkeitstyp: Berater (ENFJ)

Der Betreuer (ISFJ)

Lebensmotto: *Mir liegt viel an deinem Glück.*

Herzlich, bescheiden, vertrauenswürdig und überaus loyal. An erster Stelle stehen für *Betreuer* andere Menschen. Sie erkennen ihre Bedürfnisse und möchten ihnen helfen. Sie sind praktisch, gut organisiert und verantwortungsbewusst. Ferner zeichnen sie sich durch Geduld, Fleiß und Ausdauer aus. Sie führen ihre Pläne zu Ende.

Betreuer bemerken und prägen sich Details ein. Sie schätzen Ruhe, Stabilität und freundschaftliche Beziehungen zu anderen Menschen. Darüber hinaus vermögen sie es, Brücken zwischen Menschen zu bauen. Sie vertragen nur schlecht Kritik und Konflikte. *Betreuer* verfügen über ein starkes Pflichtbewusstsein und sind stets bereit anderen zu helfen. Manchmal werden sie von anderen ausgenutzt.

Natürliche Veranlagungen des *Betreuers*

- Die Quelle seiner Lebensenergie: sein Inneres.
- Informationsaufnahme: Sinne.
- Art und Weise wie Entscheidungen getroffen werden: Herz.
- Lebensstil: organisiert.

Ähnliche Persönlichkeitstypen

- *Künstler*
- *Anwalt*
- *Moderator*

Statistische Angaben

- *Betreuer* stellen ca. 8-12 % der Gesellschaft dar.
- Unter *Betreuern* überwiegen Frauen (70 %).
- Das Land, welches dem Profil des *Betreuers* entspricht, ist Schweden.

Buchstaben-Code

Der universelle Code des *Betreuers* ist in den Jungschen Persönlichkeitstypologien ISFJ.

Mehr:

Jarosław Jankowski
Ihr Persönlichkeitstyp: Betreuer (ISFJ)

Der Direktor (ENTJ)

Lebensmotto: *Ich sage euch, was zu tun ist!*

Unabhängig, aktiv und entschieden. Rational, logisch und kreativ. *Direktoren* betrachten analysierte Probleme in einem breiteren Kontext und sind imstande, die Konsequenzen von menschlichem Verhalten vorherzusehen. Sie zeichnen sich durch Optimismus und eine gesunde Selbstsicherheit aus. Sie können theoretische Konzepte in konkrete, praktische Pläne umwandeln.

Visionäre, Mentoren und Organisatoren. *Direktoren* verfügen über natürliche Führungsqualitäten. Ihre starke Persönlichkeit, ihr kritisches Urteilsvermögen sowie ihre Direktheit verunsichern andere Menschen häufig und führen zu Problemen bei zwischenmenschlichen Beziehungen.

Natürliche Veranlagungen des *Direktors*

- Die Quelle seiner Lebensenergie: seine äußere Welt.
- Informationsaufnahme: Intuition.
- Art und Weise wie Entscheidungen getroffen werden: Verstand.
- Lebensstil: organisiert.

Ähnliche Persönlichkeitstypen

- *Reformer*
- *Stratege*
- *Logiker*

Statistische Angaben

- *Direktoren* stellen ca. 2-5 % der Gesellschaft dar.
- Unter *Direktoren* überwiegen Männer (70 %).
- Das Land, welches dem Profil des *Direktors* entspricht, sind die Niederlande.

Buchstaben-Code

Der universelle Code des *Direktors* ist in den Jungschen Persönlichkeitstypologien ENTJ.

Mehr:

Jarosław Jankowski
Ihr Persönlichkeitstyp: Direktor (ENTJ)

Der Enthusiast (ENFP)

Lebensmotto: *Wir schaffen das!*

Energisch, enthusiastisch und optimistisch. Sie sind lebensfreudig und sind mit den Gedanken in der Zukunft. Dynamisch, scharfsinnig und kreativ. *Enthusiasten* mögen Menschen und schätzen ehrliche und authentische Beziehungen. Sie sind herzlich und emotional. *Enthusiasten* können aber schlecht mit Kritik umgehen. Sie verfügen über Empathie und erkennen die Bedürfnisse, Emotionen und Motive anderer Menschen. Sie inspirieren und stecken andere mit ihrem Enthusiasmus an.

Enthusiasten mögen es, im Zentrum der Aufmerksamkeit zu sein. Sie sind flexibel und vermö-

gen es, zu improvisieren. Sie neigen zu idealisti-
schen Ideen. *Enthusiasten* lassen sich einfach ablen-
ken und haben Probleme damit, viele Angelegenheiten zu Ende zu bringen.

Natürliche Veranlagungen des *Enthusias-ten*

- Die Quelle seiner Lebensenergie: seine äußere Welt.
- Informationsaufnahme: Intuition.
- Art und Weise wie Entscheidungen ge-troffen werden: Herz.
- Lebensstil: spontan.

Ähnliche Persönlichkeitstypen

- *Berater*
- *Idealist*
- *Mentor*

Statistische Angaben

- *Enthusiasten* stellen ca. 5-8 % der Gesell-schaft dar.
- Unter *Enthusiasten* überwiegen Frauen (60 %).
- Das Land, welches dem Profil des *Enthu-siasten* entspricht, ist Italien.

Buchstaben-Code

Der universelle Code des *Enthusiasten* ist in den
Jungschen Persönlichkeitstypologien ENFP.

Mehr:

Jarosław Jankowski
Ihr Persönlichkeitstyp: Enthusiast (ENFP)

Der Idealist (INFP)

Lebensmotto: *Man kann anders leben.*

Sensibel, loyal und kreativ. Sie möchten im Einklang mit ihren Werten leben. *Idealisten* interessieren sich für die spirituelle Wirklichkeit und gehen den Geheimnissen des Lebens nach. Sie nehmen sich die Probleme der Welt zu Herzen und stehen Bedürfnissen anderer Menschen offen gegenüber. *Idealisten* schätzen Harmonie und Ausgeglichenheit.

Sie sind romantisch und dazu fähig, ihre Liebe zu anderen zu äußern, wobei sie selbst auch Wärme und Zärtlichkeit brauchen. Sie vermögen es, Motive und Gefühle anderer Menschen hervorragend zu erkennen. *Idealisten* bauen gesunde, tiefgründige und dauerhafte Beziehungen auf. In Konfliktsituationen verlieren sie den Boden unter den Füßen. Sie können Kritik und Stress nicht vertragen.

Natürliche Veranlagungen des *Idealisten*

- Die Quelle seiner Lebensenergie: seine innere Welt.
- Informationsaufnahme: Intuition.
- Art und Weise wie Entscheidungen getroffen werden: Herz.
- Lebensstil: spontan.

Ähnliche Persönlichkeitstypen

- *Mentor*
- *Enthusiast*
- *Berater*

Statistische Angaben

- *Idealisten* stellen ca. 1-4 % der Gesellschaft dar.
- Unter *Idealisten* überwiegen Frauen (60 %).
- Das Land, welches dem Profil des *Idealisten* entspricht, ist Thailand.

Buchstaben-Code

Der universelle Code des *Idealisten* ist in den Jungschen Persönlichkeitstypologien INFP.

Mehr:

Jarosław Jankowski
Ihr Persönlichkeitstyp: Idealist (INFP)

Der Inspektor (ISTJ)

Lebensmotto: *Die Pflicht geht vor.*

Menschen, auf die man sich immer verlassen kann. Wohlerzogen, pünktlich, zuverlässig, gewissenhaft, verantwortungsbewusst – die Zuverlässigkeit in Person. Analytisch, methodisch, systematisch und logisch. *Inspektoren* werden als beherrschte, kühle und ernsthafte Menschen angesehen. Sie schätzen Ruhe, Stabilität und Ordnung. *Inspektoren* mögen keine Veränderungen, dafür aber klare und konkrete Regeln.

Sie sind arbeitsam und ausdauernd, weswegen sie Angelegenheiten zu Ende bringen können. Es sind Perfektionisten, die über alles die Kontrolle haben möchten. Sie äußern sparsam Lob und sind nicht imstande, der Wichtigkeit der Gefühle und Emotionen anderer Menschen die gebürtige Beachtung zu schenken.

Natürliche Veranlagungen des *Inspektors*

- Die Quelle seiner Lebensenergie: seine innere Welt.
- Informationsaufnahme: Sinne.
- Art und Weise wie Entscheidungen getroffen werden: Verstand.
- Lebensstil: organisiert.

Ähnliche Persönlichkeitstypen

- *Praktiker*
- *Verwalter*
- *Animateur*

Statistische Angaben

- *Inspektoren* stellen ca. 6-10 % der Gesellschaft dar.
- Unter *Inspektoren* überwiegen Männer (60 %).
- Das Land, welches dem Profil des *Inspektors* entspricht, ist die Schweiz.

Buchstaben-Code

Der universelle Code des *Inspektors* ist in den Jungschen Persönlichkeitstypologien ISTJ.

Mehr:

Jarosław Jankowski
Ihr Persönlichkeitstyp: Inspektor (ISTJ)

Der Künstler (ISFP)

Lebensmotto: *Lasst uns etwas erschaffen!*

Sensibel, kreativ und originell. Sie haben ein Gefühl für Ästhetik und angeborene künstlerische Fähigkeiten. Unabhängig – *Künstler* agieren nach ihrem eigenen Wertesystem und ordnen sich keinerlei Druck von außen unter. Sie sind optimistisch und verfügen über eine positive Lebenseinstellung, weswegen sie jeden Augenblick genießen können.

Sie sind glücklich, wenn sie anderen helfen können. Abstrakte Theorien langweilen sie, denn *Künstler* ziehen es vor, die Realität zu erschaffen und nicht über sie zu sprechen. Es fällt ihnen jedoch weitaus leichter, neue Pläne zu realisieren, als bereits begonnene abzuschließen. Sie haben Schwierigkeiten, ihre eigenen Bedürfnisse und Wünsche zu äußern.

Natürliche Veranlagungen des *Künstlers*

- Die Quelle seiner Lebensenergie: seine innere Welt.
- Informationsaufnahme: Sinne.
- Art und Weise wie Entscheidungen getroffen werden: Herz.
- Lebensstil: spontan.

Ähnliche Persönlichkeitstypen

- *Betreuer*
- *Moderator*
- *Anwalt*

Statistische Angaben

- *Künstler* stellen ca. 6-9 % der Gesellschaft dar.
- Unter *Künstlern* überwiegen Frauen (60 %).
- Das Land, welches dem Profil des *Künstlers* entspricht, ist China.

Buchstaben-Code

Der universelle Code des *Künstlers* ist in den Jungschen Persönlichkeitstypologien ISFP.

Mehr:

Jarosław Jankowski
Ihr Persönlichkeitstyp: Künstler (ISFP)

Der Logiker (INTP)

Lebensmotto: *Man muss vor allem die Wahrheit über die Welt kennenlernen.*

Originell, einfallsreich und kreativ. *Logiker* mögen es, theoretische Probleme zu lösen. Sie sind analytisch, scharfsinnig und begegnen neuen Ideen mit Begeisterung. *Logiker* vermögen es, einzelne Phänomene zu verbinden und mithilfe von ihnen allgemeine Regeln und Theorien aufzustellen. Sie agieren logisch, präzise und tiefgründig. Unklare

Zusammenhänge und Inkonsequenzen werden von ihnen schnell erkannt.

Sie sind unabhängig und skeptisch gegenüber bereits vorliegenden Lösungen sowie Autoritäten. Zugleich sind sie tolerant und offen für neue Herausforderungen. Versunken in Gedanken verlieren sie ab und an den Kontakt zur Außenwelt.

Natürliche Veranlagungen des *Logikers*

- Die Quelle seiner Lebensenergie: seine innere Welt.
- Informationsaufnahme: Intuition.
- Art und Weise wie Entscheidungen getroffen werden: Verstand.
- Lebensstil: spontan.

Ähnliche Persönlichkeitstypen

- *Stratege*
- *Reformer*
- *Direktor*

Statistische Angaben

- *Logiker* stellen ca. 2-3 % der Gesellschaft dar.
- Unter *Logikern* überwiegen Männer (80 %).
- Das Land, welches dem Profil des *Logikers* entspricht, ist Indien.

Buchstaben-Code

Der universelle Code des *Logikers* ist in den Jungschen Persönlichkeitstypologien INTP.

Mehr:

Jarosław Jankowski
Ihr Persönlichkeitstyp: Logiker (INTP)

Der Mentor (INFJ)

Lebensmotto: *Die Welt könnte besser sein!*

Kreativ, sensibel, auf die Zukunft fixiert. *Mentoren* sehen Möglichkeiten, die andere Menschen nicht erkennen. Es sind Idealisten und Visionäre, die sich darauf konzentrieren, Menschen zu helfen. Pflichtbewusst und verantwortungsbewusst, zugleich auch höflich, fürsorglich und freundschaftlich. Sie versuchen, die Mechanismen der Weltordnung zu verstehen und betrachten Probleme aus einer breiten Perspektive.

Hervorragende Zuhörer und Beobachter. Sie zeichnen sich aus durch Empathie, Intuition und Vertrauen in Menschen. *Mentoren* sind imstande, Gefühle und Emotionen zu lesen, können wiederum aber nur schlecht Kritik annehmen und sich in Konfliktsituationen zurechtfinden. Andere können sie gelegentlich als enigmatisch empfinden.

Natürliche Veranlagungen des *Mentors*

- Die Quelle seiner Lebensenergie: seine innere Welt.
- Informationsaufnahme: Intuition.
- Art und Weise wie Entscheidungen getroffen werden: Herz.
- Lebensstil: organisiert.

Ähnliche Persönlichkeitstypen

- *Idealist*
- *Berater*
- *Enthusiast*

Statistische Angaben

- *Mentoren* stellen ca. 1 % der Gesellschaft dar und sind damit der seltenste Persönlichkeitstyp.
- Unter *Mentoren* überwiegen Frauen (80 %).
- Das Land, welches dem Profil des *Logikers* entspricht, ist Norwegen.

Buchstaben-Code

Der universelle Code des *Mentors* ist in den Jungschen Persönlichkeitstypologien INFJ.

Mehr:

Jarosław Jankowski
Ihr Persönlichkeitstyp: Mentor (INFJ)

Der Moderator (ESFP)

Lebensmotto: *Heute ist der richtige Zeitpunkt!*

Optimistisch, energisch und offen gegenüber Menschen. *Moderatoren* sind lebenslustig und haben gerne Spaß. Sie sind praktisch, zugleich aber auch flexibel und spontan. Sie mögen Veränderungen und neue Erfahrungen. Einsamkeit, Stagnation und Routine hingegen vertragen sie eher schlecht. *Moderatoren* mögen es, im Zentrum der Aufmerksamkeit zu stehen.

Sie verfügen über ein natürliches Schauspieltalent und über die Gabe, interessant und packend zu berichten. Indem sie sich auf das Hier und Jetzt konzentrieren verlieren sie manchmal langfristige Ziele aus den Augen. Sie neigen dazu, Konsequenzen ihres Handelns nicht richtig einschätzen zu können.

Natürliche Veranlagungen des *Moderators*

- Die Quelle seiner Lebensenergie: seine äußere Welt.
- Informationsaufnahme: Sinne.
- Art und Weise wie Entscheidungen getroffen werden: Herz.
- Lebensstil: spontan.

Ähnliche Persönlichkeitstypen

- *Anwalt*
- *Künstler*
- *Betreuer*

Statistische Angaben

- *Moderatoren* stellen ca. 8-13 % der Gesellschaft dar.
- Unter *Moderatoren* überwiegen Frauen (60 %).
- Das Land, welches dem Profil des *Moderators* entspricht, ist Brasilien.

Buchstaben-Code

Der universelle Code des *Moderators* ist in den Jungschen Persönlichkeitstypologien ESFP.

Mehr:

Jarosław Jankowski
Ihr Persönlichkeitstyp: Moderator (ESFP)

Der Praktiker (ISTP)

Lebensmotto: *Taten sind wichtiger als Worte.*

Optimistisch, spontan und mit einer positiven Lebenseinstellung. Beherrschte und unabhängige Menschen, die ihren eigenen Überzeugungen treu sind und äußeren Normen und Regeln skeptisch gegenüberstehen. *Praktiker* sind nicht an Theorien oder Überlegungen bzgl. der Zukunft interessiert. Sie ziehen es vor, konkrete und handfeste Probleme zu lösen.

Sie passen sich gut an neue Orte und Situationen an und mögen Herausforderungen und das Risiko. Ferner vermögen sie es, bei Gefahr einen kühlen Kopf zu behalten. Ihre Wortkargheit und extreme Zurückhaltung bei der Äußerung von Meinungen bewirken, dass sie für andere Menschen manchmal unverständlich erscheinen.

Natürliche Veranlagungen des *Praktikers*

- Die Quelle seiner Lebensenergie: seine innere Welt.
- Informationsaufnahme: Sinne.

- Art und Weise wie Entscheidungen getroffen werden: Verstand.
- Lebensstil: spontan.

Ähnliche Persönlichkeitstypen

- *Inspektor*
- *Animateur*
- *Verwalter*

Statistische Angaben

- *Praktiker* stellen ca. 6-9 % der Gesellschaft dar.
- Unter *Praktiker* überwiegen Männer (60 %).
- Das Land, welches dem Profil des *Praktikers* entspricht, ist Singapur.

Buchstaben-Code

Der universelle Code des *Praktikers* ist in den Jungschen Persönlichkeitstypologien ISTP.

Mehr:

Jarosław Jankowski
Ihr Persönlichkeitstyp: Praktiker (ISTP)

Der Reformer (ENTP)

Lebensmotto: *Und wenn man versuchen würde, es anders zu machen?*

Ideenreich, originell und unabhängig. *Reformer* sind Optimisten. Sie sind energisch und unternehmerisch. Wahrhaftige Tatmenschen, die gerne im

Zentrum des Geschehens sind und „unlösbare Probleme" lösen. Sie sind an der Welt interessiert, risikofreudig und ungeduldig. Visionäre, die offen für neue Ideen sind. Sie mögen neue Erfahrungen und Experimente. Ferner erkennen sie die Verbindungen zwischen einzelnen Ereignissen und sind mit ihren Gedanken in der Zukunft.

Spontan, kommunikativ und selbstsicher. *Reformer* neigen dazu, ihre eigenen Fähigkeiten zu überschätzen. Darüber hinaus haben sie Probleme damit, etwas zu Ende zu bringen.

Natürliche Veranlagungen des *Reformers*

- Die Quelle seiner Lebensenergie: seine äußere Welt.
- Informationsaufnahme: Intuition.
- Art und Weise wie Entscheidungen getroffen werden: Verstand.
- Lebensstil: spontan.

Ähnliche Persönlichkeitstypen

- *Direktor*
- *Logiker*
- *Stratege*

Statistische Angaben

- *Reformer* stellen ca. 3-5 % der Gesellschaft dar.
- Unter *Reformern* überwiegen Männer (70 %).
- Das Land, welches dem Profil des *Reformers* entspricht, ist Israel.

Buchstaben-Code

Der universelle Code des *Reformers* ist in den Jungschen Persönlichkeitstypologien ENTP.

Mehr:

Jarosław Jankowski
Ihr Persönlichkeitstyp: Reformer (ENTP)

Der Stratege (INTJ)

Lebensmotto: *Das lässt sich perfektionieren!*

Unabhängige, herausragende Individualisten, die über unglaublich viel Energie verfügen. Sie sind kreativ und einfallsreich. Von anderen werden sie als kompetente und selbstsichere Menschen angesehen, wenngleich sie distanziert und enigmatisch wirken. *Strategen* betrachten alle Angelegenheiten aus einer breiten Perspektive. Sie möchten ihre Umwelt perfektionieren und ordnen.

Strategen sind gut organisiert, verantwortungsbewusst, kritisch und anspruchsvoll. Es ist schwer, sie aus dem Gleichgewicht zu bringen. Zugleich ist es aber auch nicht einfach, sie völlig zufrieden zu stellen. Ihre Natur erschwert es ihnen, die Gefühle und Emotionen anderer Menschen zu erkennen.

Natürliche Veranlagungen des *Strategen*

- Die Quelle seiner Lebensenergie: seine innere Welt.
- Informationsaufnahme: Intuition.

- Art und Weise wie Entscheidungen getroffen werden: Verstand.
- Lebensstil: organisiert.

Ähnliche Persönlichkeitstypen

- *Logiker*
- *Direktor*
- *Reformer*

Statistische Angaben

- *Strategen* stellen ca. 1-2 % der Gesellschaft dar.
- Unter *Strategen* überwiegen Männer (80 %).
- Das Land, welches dem Profil des *Strategen* entspricht, ist Finnland.

Buchstaben-Code

Der universelle Code des *Strategen* ist in den Jungschen Persönlichkeitstypologien INTJ.

Mehr:

Jarosław Jankowski
Ihr Persönlichkeitstyp: Stratege (INTJ)

Der Verwalter (ESTJ)

Lebensmotto: *Erledigen wir diese Aufgabe!*

Fleißig, verantwortungsbewusst und überaus loyal. Energisch und entschieden. Sie schätzen Ordnung, Stabilität, Sicherheit und klare Regeln. *Verwalter* sind sachlich und konkret. Sie sind logisch, rational und praktisch. Sie vermögen es, sich eine große Menge detaillierter Informationen anzueignen.

Hervorragende Organisatoren, die Ineffizienz, Verschwendung und Faulheit nicht dulden. Sie sind ihren Überzeugungen treu und aufgeschlossen gegenüber anderen Menschen. Sie legen ihre Meinung entschieden dar und üben offen Kritik aus, weswegen sie manchmal ungewollt andere Menschen verletzen.

Natürliche Veranlagungen des *Verwalters*

- Die Quelle seiner Lebensenergie: seine äußere Welt.
- Informationsaufnahme: Sinne.
- Art und Weise wie Entscheidungen getroffen werden: Verstand.
- Lebensstil: organisiert.

Ähnliche Persönlichkeitstypen

- *Animateur*
- *Inspektor*
- *Praktiker*

Statistische Angaben

- *Verwalter* stellen ca. 10-13 % der Gesellschaft dar.
- Unter *Verwaltern* überwiegen Männer (60 %).
- Das Land, welches dem Profil des *Verwalters* entspricht, sind die USA.

Buchstaben-Code

Der universelle Code des *Verwalters* ist in den Jungschen Persönlichkeitstypologien ESTJ.

Mehr:

Jarosław Jankowski
Ihr Persönlichkeitstyp: Verwalter (ESTJ)

Anhang

Die vier natürlichen Veranlagungen

1. Dominierende Quelle der Lebensenergie

    o   ÄUSSERE WELT
        Menschen, die ihre Energie aus der
        Umwelt schöpfen, die Aktivitäten und
        Kontakt mit anderen Menschen benö-
        tigen. Sie vertragen längere Einsam-
        keit nur schlecht.

    o   INNERE WELT
        Menschen, die ihre Energie aus ihrem
        Innern schöpfen, die Ruhe und Ein-
        samkeit brauchen. Sie fühlen sich er-
        schöpft, wenn sie längere Zeit mit an-
        deren Menschen verbringen.

2. Dominierende Art, Informationen aufzunehmen

    o SINNE
       Menschen, die auf ihre fünf Sinne
       vertrauen. Sie glauben an Fakten und
       Beweise und mögen erprobte Metho-
       den sowie praktische und konkrete
       Aufgaben. Sie sind Realisten, die sich
       auf ihre Erfahrung stützen.

    o INTUITION
       Menschen, die auf ihren sechsten Sinn
       vertrauen. Sie lassen sich durch Vor-
       ahnungen leiten und mögen innova-
       tive Lösungen sowie Probleme theo-
       retischer Natur. Sie zeichnen sich
       durch eine kreative Herangehensweise
       sowie die Fähigkeit aus, Dinge vor-
       herzusehen.

3. Dominierende Art, Entscheidungen zu tref-
    fen

    o VERSTAND
       Menschen, die sich nach ihrer Logik
       und objektiven Regeln richten. Sie
       sind kritisch und direkt, wenn sie ihre
       Meinung äußern.

    o HERZ
       Menschen, die sich nach ihren Emp-
       findungen und Werten richten. Sie

streben nach Harmonie und Einverständnis mit anderen.

4. Dominierender Lebensstil

o ORGANISIERT
Menschen, die pflichtbewusst und organisiert sind. Sie schätzen Ordnung und mögen es, nach Plan zu handeln.

o SPONTAN
Flexible Menschen, die ihre Freiheit schätzen. Sie erfreuen sich des Augenblicks und finden sich gut in neuen Situationen zurecht.

Geschätzter Anteil der einzelnen Persönlichkeitstypen an der Bevölkerung (in %)

Persönlichkeitstyp	Anteil
Animateur (ESTP):	6 – 10 %
Anwalt (ESFJ):	10 – 13 %
Berater (ENFJ):	3 – 5 %
Betreuer (ISFJ):	8 – 12 %
Direktor (ENTJ):	2 – 5 %
Enthusiast (ENFP):	5 – 8 %
Idealist (INFP):	1 – 4 %
Inspektor (ISTJ):	6 – 10 %
Künstler (ISFP):	6 – 9 %
Logiker (INTP):	2 – 3 %
Mentor (INFJ):	ca. 1 %

Moderator (ESFP):	8 – 13 %
Praktiker (ISTP):	6 – 9 %
Reformer (ENTP):	3 – 5 %
Stratege (INTJ):	1 – 2 %
Verwalter (ESTJ):	10 – 13 %

Geschätztes prozentuales Verhältnis von Frauen und Männern je nach Persönlichkeitstyp

Persönlichkeitstyp	Frauen/Männer
Animateur (ESTP):	40 % / 60 %
Anwalt (ESFJ):	70 % / 30 %
Berater (ENFJ):	80 % / 20 %
Betreuer (ISFJ):	70 % / 30 %
Direktor (ENTJ):	30 % / 70 %
Enthusiast (ENFP):	60 % / 40 %
Idealist (INFP):	60 % / 40 %
Inspektor (ISTJ):	40 % / 60 %
Künstler (ISFP):	60 % / 40 %
Logiker (INTP):	20 % / 80 %
Mentor (INFJ):	80 % / 20 %
Moderator (ESFP):	60 % / 40 %
Praktiker (ISTP):	40 % / 60 %
Reformer (ENTP):	30 % / 70 %
Stratege (INTJ):	20 % / 80 %
Verwalter (ESTJ):	40 % / 60 %

Literaturverzeichnis

- Arraj, J. (1990): *Tracking the Elusive Human, Volume 2: An Advanced Guide to the Typological Worlds of C. G. Jung, W.H. Sheldon, Their Integration, and the Biochemical Typology of the Future*. Midland, OR: Inner Growth Books.

- Arraj, J. / Arraj, T. (1988): *Tracking the Elusive Human, Volume 1: A Practical Guide to C.G. Jung's Psychological Types, W.H. Sheldon's Body and Temperament Types and Their Integration*. Chiloquin, OR: Inner Growth Books.

- Berens, L. V. / Cooper, S. A. / Ernst, L. K. / Martin, C. R. / Myers, S. / Nardi, D. / Pearman, R. R./Segal, M./Smith, M. A. (2002): *Quick Guide to the 16 Personality Types in Organizations: Understanding Personality Differences in the Workplace*. Fountain Valley, CA: Telos Publications.

- Geier, J. G./Downey, D. E. (1989): *Energetics of Personality*: Success Through Quality

Action. Minneapolis, MN: Aristos Publishing House.

- Hunsaker, P. L. / Alessandra, T. (1986): *The Art of Managing People*. New York, NY: Simon and Schuster.

- Jung, C. G. (1995): *Psychologische Typen*. Ostfildern: Patmos Verlag.

- Kise, J. A. G. / Krebs Hirsh, S. / Stark, D. (2005): *LifeKeys: Discover Who You Are*. Bloomington, MN: Bethany House.

- Kroeger, O. / Thuesen, J. M. (1988): *Type Talk or How to Determine Your Personality Type and Change Your Life*. New York, NY: Delacorte Press.

- Lawrence, G. D. (1997): *Looking at Type and Learning Styles*. Gainesville, FL: Center for Applications of Psychological Type.

- Lawrence, G. D. (1993): *People Types and Tiger Stripes*. Gainesville, FL: Center for Applications of Psychological Type.

- Maddi, S. R. (2001): *Personality Theories: A Comparative Analysis*. Long Grove, IL: Waveland Press.

- Martin, C. R. (2001): *Looking at Type: The Fundamentals Using Psychological Type To Understand and Appreciate Ourselves and Others*. Gainesville, FL: Center for Applications of Psychological Type.

- Meier, C. A. (1986): *Persönlichkeit: Der Individuationsprozess im Lichte der Typologie C. G. Jungs*. Einsiedeln: Daimon.

- Pearman, R. R. / Albritton, S. C. (2010): *I'm Not Crazy, I'm Just Not You: The Real Meaning of the Sixteen Personality Types.* Boston, MA: Nicholas Brealey Publishing.

- Segal,M. (2001): *Creativity and Personality Type: Tools for Understanding and Inspiring the Many Voices of Creativity.* Fountain Valley, CA: Telos Publications.
- Sharp, D. (1987): *Personality Type: Jung's Model of Typology.* Toronto: Inner City Books.
- Spoto, A. (1995): *Jung's Typology in Perspective.* Asheville, NC: Chiron Publications.
- Tannen, D. (1990): *You Just Don't Understand: Women and Men in Conversation.* New York, NY: William Morrow and Company.
- Thomas, J. C. / Segal, D. L. (2005): *Comprehensive Handbook of Personality and Psychopathology, Personality and Everyday Functioning.* Hoboken, NJ: Wiley.
- Thomson, L. (1998): *Personality Type: An Owner's Manual.* Boston, MA: Shambhala.
- Tieger, P. D./Barron-Tieger, B. (2000): *Just Your Type: Create the Relationship You've Always Wanted Using the Secrets of Personality Type.* New York, NY: Little, Brown and Company.
- Von Franz, M.-L. / Hillman, J. (1971): *Lectures on Jung's Typology.* New York, NY: Continuum International Publishing Group.

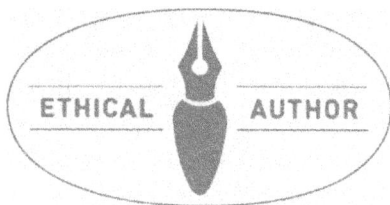

Der Leser steht an erster Stelle.

Eine Autorenkampagne
der Alliance of Independent Authors

www.ingramcontent.com/pod-product-compliance
Lightning Source LLC
Chambersburg PA
CBHW031206020426
42333CB00013B/814